बाँसुरी विस्मित है

बाँसुरी विस्मित है

रोहिताश्व अस्थाना

वाणी प्रकाशन

वाणी प्रकाशन
4695, 21-ए, दरियागंज, नयी दिल्ली 110 002
शाखा
अशोक राजपथ, पटना 800 004
फ़ोन: +91 11 23273167 फ़ैक्स: +91 11 23275710
www.vaniprakashan.in
vaniprakashan@gmail.com

BANSURI VISMIT HAI
by Rohitashwa Asthana

ISBN : 978-93-5229-036-9
Ghazal

प्रथम संस्करण
मूल्य : ₹ 95

हर्ष प्रिंटर्स, दिल्ली-110 093 में मुद्रित

वाणी प्रकाशन का लोगो मक़बूल फ़िदा हुसेन की कूची से

"यशःकाय कविवर दुष्यन्त कुमार एवं
शाइर डॉ. जैब बरेलवी की
पुण्य स्मृति को सादर समर्पित"

–रोहिताश्व अस्थाना

अनुक्रम

भूमिका

डॉ. रोहिताश्व अस्थाना एक ऐसा नाम ज़िसने ग़ज़ल को विषय बनाकर, उसे सम्मान देकर पहला शोध कार्य किया, जिसके अब तक दो संस्करण प्रकाशित हो चुके हैं। रोहिताश्व अस्थाना एक ऐसा नाम जिसने अनेक ग़ज़लकारों को सम्मिलित करके समवेत संकलनों के प्रकाशन की योजना को कार्यान्वित किया। रोहिताश्व अस्थाना एक ऐसा नाम जिसने गीत भी लिखे और ग़ज़लें भी!

प्रस्तुत संग्रह ग़ज़ल संग्रह के रूप में हमारे सामने है। इस संग्रह की ग़ज़लों में सभी प्रकार की ग़ज़लें हैं। इनमें प्रेम और सौन्दर्य के विविध रूपों की अभिव्यक्ति है, मन के हर्ष विषादों का उत्खनन है, बाहरी संसार की उलझनों के परिदृश्य हैं, आर्थिक परिवेश की मार्मिक विडम्बनाओं का प्रतिबिम्ब है और सामाजिक तथा राजनीतिक चेतना के बदलते हुए रूपों पर प्रखर व्यंग्य है।

साफ-सुथरी बहरों में कही/लिखी इन ग़ज़लों ने भाषा का अपना एक अलग मुहावरा पकड़ा है। प्रतीक और बिम्बों की झलक में कवि का मन्तव्य देखा जा सकता है। उनकी ग़ज़लों में उनके अनुभवों का पक्कापन दिखाई देता है।

कुल मिलाकर डॉ. रोहिताश्व अस्थाना की ग़ज़लों में 'रोहित' का अश्व पूरी आस्था के साथ गतिशील है और उनकी यह गतिशीलता उन्हें गन्तव्य पर पहुँचायेगी—ऐसा विश्वास है।

डॉ. कुँअर बेचैन

2 एफ-51, नेहरू नगर,
गाज़ियाबाद (उ. प्र.)

ग़ज़लों में ज़िन्दगी के स्वर फूँकते हैं डॉ. रोहिताश्व अस्थाना

ग़ज़ल आज ज़िन्दगी के सुख-दुःख, हर्ष-विषाद, आशा-निराशा और हरेक खट्टे-मीठे अहसास की अभिव्यक्ति का सशक्त माध्यम बनकर हिन्दी साहित्य की प्रभावी विधा बन चुकी है, यह कहने में मुझे अब कोई संकोच या सन्देह नहीं है। ग़ज़ल को साधने वाले समर्पित रचनाकार और ग़ज़ल के उद्‌भव एवं विकास पर चर्चित शोध-प्रबन्ध लिख कर ग़ज़ल की गरिमा और महत्ता को स्थापित करने वाले साधक शब्द-शिल्पी डॉ. रोहिताश्व का ग़ज़ल-संकलन 'बासुँरी विस्मित है' मेरे सामने है।

सच यह है कि इधर हिन्दी में ग़ज़ल लिखने वालों में गिने-चुने रचनाकार ही ग़ज़ल के छन्द-विधान की साधना करने के बाद ग़ज़ल लिखने का प्रयास करते हैं, जिनमें डॉ. रोहिताश्व को मैं अग्रणी ग़ज़लकारों में रख सकता हूँ।

अपने इस ग़ज़ल-संकलन की पहली ही ग़ज़ल में डॉ. रोहिताश्व अस्थाना हिन्दी-ग़ज़ल के तेवर का परिचय आपसे करा देते हैं तो लगता है कि आज ग़ज़ल अभिव्यक्ति के नये आयाम छू रही है। डॉ. अस्थाना कहते हैं–

"दर्द का इतिहास है हिन्दी ग़ज़ल।
एक शाश्वत प्यास है हिन्दी ग़ज़ल ॥"

इस शेर में 'दर्द का इतिहास' और 'शाश्वत प्यास' की व्यंजना जहाँ ग़ज़ल की परम्परा को इंगित करती है, वहीं आज की हिन्दी-ग़ज़ल के इन्द्रधनुषी तेवर का परिचय भी सहज ही दे देती है। ग़ज़ल का अगला शेर ग़ज़ब का हो गया है–

"प्रेम, मदिरा, रूप की बातों भरी,
अब नहीं बकवास है हिन्दी ग़ज़ल ॥"

डॉ. रोहिताश्व के इस शेर में सचमुच बेबाक ढंग से उर्दू और 'हिन्दी' ग़ज़ल के कथ्य का अन्तर आप सायास पा जाएँगे, जब 'बकवास' शब्द की तीखी व्यंजना की सीढ़ी चढ़ कर ग़ज़लकार के अर्थ की गहराई तक आप

पहुँचने का प्रयास करेंगे। मुझे इसलिए इस शेर में आया 'बकवास' शब्द बेहद सार्थक लगा है, चूँकि अपनी ग़ज़ल के अगले ही शेर में डॉ. अस्थाना ने बड़ी कुशलता से 'हिन्दी-ग़ज़ल' की खूबी बता दी है।

ग़ज़लकार डॉ. रोहिताश्व अस्थाना विश्वासपूर्वक कहते हैं-

"आदमी के साथ नंगे पाँव ही,
ढो रही संत्रास है हिन्दी ग़ज़ल ॥"

ग़ज़ब की अर्थाभिव्यक्ति है 'नंगे पाँव' और 'ढो रही संत्रास' में, जिसके माध्यम से ग़ज़लकार हिन्दी-ग़ज़ल को 'इश्क' और 'शराब' की मादकता भरी गली से निकाल कर 'आदमी' के 'नंगे पाँवों के संत्रास' की बदनुमा सच्चाई तक पहुँचाने का यथार्थ आपको बता देता है।

डॉ. रोहिताश्व की यह ग़ज़ल निश्चय ही 'हिन्दी-ग़ज़ल' को लेकर बेवजह नाक-भौंह सिकोड़ने वालों के लिए तार्किक उत्तर है, तो साथ-ही-साथ, हिन्दी-ग़ज़ल में निरन्तर कथ्य और शिल्प के स्तर पर आ रहे उत्तरोत्तर निखार का रूप भी स्पष्ट कर देती है। ग़ज़ल का यह शेर देखिए—

"हर बहर, हर छन्द में, नव कथ्य का
दे रही आभास है हिन्दी ग़ज़ल ॥"

और शायद इसीलिए डॉ. अस्थाना पूरे आत्मविश्वास के साथ अपनी इस ग़ज़ल को 'हिन्दी-ग़ज़ल' की विजय-पताका बनाकर आलोचकों को स्पष्ट और करारा जवाब देते हैं—

"गुनगुनाओ दोस्तो हर हाल में,
आज दिल के पास है हिन्दी ग़ज़ल ॥
काव्य की चर्चित विधा बन जाएगी,
एक दृढ़ विश्वास है हिन्दी ग़ज़ल ॥"

इन शेरों में 'आज दिल के पास' और 'एक दृढ़ विश्वास' जैसे विशेषणों में हिन्दी ग़ज़ल की सार्थकता और असीम अर्थवत्ता के साथ-साथ विजय-यात्रा की प्रामाणिक अभिव्यक्ति मेरी ही तरह हर ग़ज़ल प्रेमी को डॉ. रोहिताश्व अस्थाना का मुरीद बना देगी, यह विश्वास मुझे इस बेजोड़ ग़ज़ल को गुनगुना कर हो गया है। डॉ. अस्थाना की इस बेहद प्यारी ग़ज़ल में मैं अपना 'विश्वास' आप सबके विश्वास के साथ जोड़ रहा हूँ—

"हो जाएगा हर आदमी इसका मुरीद,
हर आदमी की आस है हिन्दी ग़ज़ल ॥"

ग़ज़लकार के रूप में डॉ. रोहिताश्व अस्थाना निःसन्देह हिन्दी में ग़ज़ल के

स्वरूप को पूरी शिद्दद के साथ बनाए रख कर चलने वाले साहित्यकारों में रहे हैं।

सामाजिक सरोकारों को डॉ. रोहिताश्व अस्थाना अपनी ग़ज़लों में बड़ी ही सहजता से गूँथ देते हैं, जिससे उनका कथ्य मारक और प्रभावी बन जाता है। उनकी एक ग़ज़ल के दो शेर मैं उदाहरण के लिए उद्धृत करना चाहूँगा—

"सहमे हुए हैं फूल, औ' उपवन उदास है।
सच मान लीजिए कि हर आँगन उदास है ॥"

× × ×

'कम है दहेज' सबकी जुबां पर ये बात है,
भोली बहू के हाथ का कंगन उदास है ॥

सचमुच, 'कम है दहेज' की बात 'सब की जुबां' पर हो; तो 'भोली बहू' के हाथ का 'कंगन' कैसे उदास नहीं होगा? ग़ज़लकार की व्यंजना सचमुच ग़ज़ब कर देती है, तो फिर भला आपकी जुबां पर 'वाह' शब्द कैसे नहीं आएगा?

इन ग़ज़लों का शिल्प पक्ष मुझे बहुत समृद्ध लगा है। बिम्बात्मकता और अलंकारिकता के पंख लगाकर जब ग़ज़ल के शब्द उड़ते हैं, तब अर्थ जैसे स्वयं ही आकाश जैसा विस्तार और इन्द्रधनुषी छटा पा जाता है। एक ग़ज़ल के ये शेर मेरी बात को प्रमाणित कर देंगे—

"हैं पड़ी चुपचाप सड़कें वेश्या-सी,
कौन उन पर ढा रहा हर पल कहर है ॥"

× × ×

"ज्ञान का स्वागत करें, तम को मिटाएँ,
इस जरूरी काम पर किसकी नज़र है?"

ये सारे सवाल आपके मन को मथने के लिए काफी नहीं हैं क्या?

जीवन की विसगतियों और विद्रूपताओं से रू-ब-रू कराने में डॉ. रोहिताश्व की ग़ज़लें सफल रही हैं और यही मेरी दृष्टि में कविता का उद्देश्य भी होता है। अपने समाज की सूरत को दिखाने वाला आईना जब किसी ग़ज़ल का कोई शेर बन जाता है, तब मेरी दृष्टि में ग़ज़लकार पाठक की प्रशंसा का हकदार निश्चित रूप से बन जाता है। मैं यहाँ डॉ. अस्थाना के इस ग़ज़ल-संकलन 'बाँसुरी विस्मित है' की ग़ज़लों के कुछ ऐसे ही शेर उद्धृत करना चाहूँगा, जो आपकी प्रशंसा के हकदार वास्तव में हैं—

"मरते हैं लोग भूख से, वो देखते नहीं,
झण्डा विजय का चाँद पर जो गाड़ने लगे ॥

× × ×

दिल न मिल पाएँ, तो हम सीना मिलाकर क्या करें?
अपने चेहरे पर नया चेहरा लगा कर क्या करें?

क्या मिला था हमको, पहले फूँक दी थी झोंपड़ी
आज फिर महलों की खातिर, घर जलाकर क्या करें?

× × ×

एक दिन जाना सभी को है सिकन्दर की तरह।
क्यों भला फिर आदमी, नाचे है बन्दर की तरह ॥

आप में सबके विचारों की नदी मिल जाएँगी।
दिल को अपने कीजिए, पहले समन्दर की तरह ॥"

डॉ. रोहिताश्व अस्थाना की ग़ज़लों के इन शेरों के सरोकार बरबस हमारे दिलों पर दस्तक देकर यही तो कहते हैं कि 'जरा देखिए देखिए तो जनाब, हम तो आपके ही सरोकार हैं।' और बस, यही वह बिन्दु है, जहाँ आपका दिल ग़ज़लकार का दिल बनकर उसकी ग़ज़लों को जीने लगता है, ये ग़ज़लें तब आपको अपनी ही ग़ज़लें लगने लगती हैं। मुझे तो सच कहूँ, इन ग़ज़लों को पढ़कर यही लगा है–

"बेसाख्ता दिल आपका चाहेगा मुझको,
गोया ग़ज़ल है आपकी, बस कह रहा हूँ मैं।"

मुझे विश्वास है कि आप भी मेरे इन शब्दों को अपना अवश्य कहेंगे। छटाएँ समर्पण और छटपटाहट जितना आपको छुएगी, उतना ही सामाजिक, सांस्कृतिक, राजनीतिक और आर्थिक जीवन के सरोकार भी आपकी चेतना को कदम-कदम पर झकझोरते चलेंगे।

बहुत ही छोटी 'बहर' की कई ग़ज़लें तो इस संकलन की इसलिए बेजोड़ हैं कि उनके शब्द बिलकुल नगीनों की तरह जड़े हुए हैं। कुछ शेर प्रमाण के रूप में आपकी नज़र कर देता हूँ मैं–

"दर्द को भुलाइए जनाब।
गीत कोई गाइए जनाब ॥
हर खुशी मिलेगी, शर्त है–
काम सबके आइए जनाब ॥

× × ×

"कारोबार बड़े लोगों का।
है संसार बड़े लोगों का ॥
चोर उचक्का ही होता है,
पहरेदार बड़े लोगों का ॥"

× × ×

"ग़म का मारा आम आदमी।
हारा-हारा आम आदमी ॥
हर चुनाव में बनता रहता।
'वोट' बिचारा आम आदमी ॥
पाकर प्यार हुआ अक्सर ही–
पारा-पारा आम आदमी ॥"

सच मानिए डॉ. रोहिताश्व अस्थाना की ग़ज़लों के इन शेरों में जो अभिव्यंजना की शक्ति मुझे मिली, वह 'हिन्दी-ग़ज़ल' की भी बेजोड़ ताकत का परिचय देने के लिए काफी है। हिन्दी-ग़ज़ल की यात्रा आज जिस ऊँचे पड़ाव पर जा पहुँची है, उसका अहसास इन ग़ज़लों से सहज ही आपको हो जाएगा।

अब चलते-चलते जरा ग़ज़ल की मूलभूत खूबसूरती यानी प्रेम का जिक्र भी तो करता चलूँ। यह सच है कि हिन्दी ग़ज़ल में नये तेवर के साथ व्यंग्य की धार उत्तरोत्तर पैनी होती गयी है और मानव-जीवन के संत्रास, घुटन, पीड़ा और एकाकीपन की सशक्त अभिव्यक्ति का माध्यम भी हिन्दी-ग़ज़ल बन गयी है, फिर भी, ग़ज़ल की मूल चेतना 'प्रेमाभिव्यक्ति' को हिन्दी-ग़ज़ल ने छोड़ा नहीं है। डॉ. रोहिताश्व अस्थाना के इस ग़ज़ल-संकलन में आपको प्रेम की रेशमी अभिव्यक्ति की बेहद प्यारी सी ग़ज़लें भी मिलेंगी, जिनकी रूमानियत आपके दिल को जरूर छू लेगी। कुछ शेर मैं यहाँ दे रहा हूँ–

"फूलों सा उपहार तुम्हारा।
सबसे सुन्दर प्यार तुम्हारा ।

× × ×

भूल नहीं पाता हूँ मधुरिम,।
सुधियों का संसार तुम्हारा ॥"

ऐसी ही, छोटी 'बहर' की ग़ज़लों में डॉ. रोहिताश्व ने प्रणय चेतना को गूँथ दिया है–

"चन्द्रमा की चाँदनी हो तुम।
पूर्णिमा की यामिनी हो तुम ॥

× × ×

मैं मनाता ही रहूँ जिसको–
वह मधुरतम मानिनी हो तुम ॥"

सच यही है कि शब्द-साधक डॉ. रोहिताश्व अस्थाना के इस संकलन की ग़ज़लें भावों का ऐसा महकता गुलदस्ता हैं, जिनकी खुशबू आपको मोह लेगी। हार्दिक मंगल कामनाओं के साथ मैं आपको 'बाँसुरी विस्मित है' की ग़ज़लों का मोहक इन्द्रधनुष सौंपता हूँ, जिसमें आप ज़िन्दगी का हर रंग जी भर कर देख सकेंगे।

74/3, न्यू नेहरू नगर —**डॉ. योगेन्द्र नाथ शर्मा 'अरुण'**, डी. लिट्.
रुड़की- 247667 (उत्तराखण्ड) सदस्य, साहित्य अकादेमी, नयी दिल्ली

अपनी बात

हिन्दी-ग़ज़ल या हिन्दी में ग़ज़ल आज अपना महत्त्वपूर्ण स्थान रखती है। उसे किसी परिचय या सन्दर्भ की आवश्यकता नहीं है। आज न केवल बड़े पैमाने पर कवियों द्वारा ग़ज़लें लिखी या कही जा रही हैं, अपितु हिन्दी-ग़ज़ल पर अनेक शोधकार्य भी हो चुके हैं। मैंने 'हिन्दी ग़ज़ल : उद्‌भव और विकास' पर इस विधा का प्रथम शोधकार्य करते समय बच्चों के साथ-साथ बड़ों के लिए भी ग़ज़लें लिखी या कही हैं। इन ग़ज़लों का सोच, प्रस्तुतीकरण एवं शिल्प हिन्दी का है। चाहे छन्द हो या बहर गेंय कविता को शास्त्रीय अनुशासन का अनुपालन करना ही होगा।

यहाँ एक बात और स्पष्ट कर देना मैं समीचीन समझता हूँ कि संकलित ग़ज़लों को मैंने केवल लिखा या कहा ही नहीं, अपितु जिया और भोगा भी है। आम आदमी के रूप में परिवेशगत एवं प्रेमगत पीड़ाओं को झेलते हुए, मेरे अन्तर्मन में जो भाव-धारा उद्वेलित हुई है- वह आप सब सुधी पाठकों एवं विद्वान समालोचकों के समक्ष विनम्र भाव से प्रस्तुत है।

परम आदरणीय अग्रज डॉ. कुँअर बेचैन जी एवं डॉ. योगेन्द्र नाथ शर्मा अरुण जी ने अपनी-अपनी सारगर्भित सम्मतियाँ देकर प्रस्तुत संकलन के कलेवर में चार चाँद लगा दिये हैं। मैं इन दोनों के प्रति समान रूप से आभारी हूँ।

ग़ज़ल के शिल्प को लेकर डॉ. कुँअर बेचैन, ख्वाब अकबराबादी, आर. पी. शर्मा महर्षि, डॉ. गिरिराज शरण अग्रवाल, नासिर अली नदीम आदि विद्वानों ने पुस्तकें लिखकर समकालीन एवं नवोदित ग़ज़लकारों के लिए उस्ताद की भूमिका अदा की है।

प्रस्तुत ग़ज़लों के रचनाकाल में धर्म पत्नी श्रीमती बीना अस्थाना, एवं पुत्र त्रयी डॉ. साकेत अस्थाना, सुलेख अस्थाना व संदेश अस्थाना का विशेष सहयोग और आत्मीय भाव रहा है। संरक्षक के रूप में पूज्य गुरुवर डॉ. वंश गोपाल जी का वरद हस्त सदैव मुझ पर रहा है। इन सबके प्रति आभार व्यक्त करने में मेरी लेखनी अपने को अकिंचन सा पाती है। एक अन्य आभार प्रदर्शन परम

श्रद्धेया अग्रजा डॉ. सरोजनी कुलश्रेष्ठ जी के प्रति शेष रह जाता है जिन्होंने इन ग़ज़लों को न केवल पुरस्कृत किया अपितु उन्हें पुस्तक के आकार में प्रकाशित कराने में मेरी हर सहायता की। वे एक विदुषी प्राचार्या, कवयित्री एवं 'बाल साहित्य भारती' सम्मान से अलंकृत सुप्रसिद्ध बाल साहित्यकार हैं। वे लोरी गीतों के लिए विशेष रूप से जानी मानी एवं पहचानी जाती हैं। मैं उनके स्वस्थ, समृद्ध एवं शतायु होने की प्रभु से प्रार्थना करता हूँ।

विगत वर्षों से मैं भयंकर रूप से अस्वस्थ चल रहा हूँ। अतः पुस्तक के प्रकाशन में विलम्ब होता रहा। फिर भी मैं चाहता हूँ कि पुस्तक अवश्य प्रकाशित हो जाए। इस कार्य में भाई अरुण माहेश्वरी जी का सहयोग प्रशंसनीय है जिन्होंने अपने प्रकाशन से आकर्षक कलेवर में पुस्तक की प्राण-प्रतिष्ठा की! वे सचमुच अभिनन्दन और आभार के पात्र हैं।

अन्त में बिना किसी औपचारिकता के अत्यन्त ही संकोचपूर्वक ये ग़ज़लें पाठकों, रचनाधर्मियों एवं शोधार्थियों के सम्मुख प्रस्तुत करने की धृष्टता कर रहा हूँ—इस निवेदन के साथ कि इन ग़ज़लों से गुजरने के पश्चात् अपनी निष्पक्ष प्रतिक्रिया से मुझे अवश्य ही अवगत कराने की कृपा करें।

विनीत

डॉ. रोहिताश्व अस्थाना

ऐकान्तिका,
निकट-बावन चुंगी चौराहा
हरदोई- 241001 (उ.प्र)
दूरभाष- 05852-232392

बाँसुरी विस्मित है

एक

दर्द का इतिहास है हिन्दी ग़ज़ल।
एक शाश्वत प्यास है हिन्दी ग़ज़ल ॥

प्रेम, मदिरा, रूप की बातों भरी–
अब नहीं बकवास है हिन्दी ग़ज़ल ॥

आदमी के साथ नंगे पाँव ही–
ढो रही संत्रास है हिन्दी ग़ज़ल ॥

आदमी की जिन्दगी का आइना-
पेश करती खास है हिन्दी ग़ज़ल ॥

गुनगुनाओ दोस्तो हर हाल में–
आज दिल के पास है हिन्दी ग़ज़ल ॥

काव्य की चर्चित विधा बन जाएगी-
एक दृढ़ विश्वास है हिन्दी ग़ज़ल ॥

दो

प्यास का पर्याय बनकर रह गयी है ज़िन्दगी।
किस कदर असहाय बनकर रह गयी है ज़िन्दगी ॥

दे न पाएगी तुम्हें सुविधाओं का ये दूध अब–
एक बूढ़ी गाय बनकर रह गयी है ज़िन्दगी ॥

सभ्यता के नाम पर क्या गाँव से आये शहर–
एक प्याला चाय बनकर रह गयी है ज़िन्दगी ॥

धूम का अजगर निगलता जा रहा है बस्तियाँ–
धुंध, सीलन, हाय बनकर रह गयी है ज़िन्दगी ॥

दर्द, उत्पीड़न, रुदन जैसे पड़ावों से गुजर–
काफ़िला निरुपाय बनकर रह गयी है ज़िन्दगी ॥

तीन

सहमे हुए हैं फूल, औ' उपवन उदास है।
सच मान लीजिए कि हर आँगन उदास है ॥

कब कौन सी हवा में जहर हो घुला मिला—
पीपल के नीचे सोच रहा मन उदास है ॥

कुछ लोग हर सड़क पे लगे काँच फेंकने—
ज़ख़्मी हुए हैं पाँव हरिक मन उदास है ॥

'कम है दहेज' सबकी जुवाँ पर ये बात है—
भोली बहू के हाथ का कंगन उदास है ॥

अपने ही घर में आग लगाकर कहाँ चला—
तेरे वतन की मिट्टी का कन कन उदास है ॥

चार

आग पानी में लगाकर देखिए।
रेत का इक घर बनाकर देखिए ॥

आँसुओं से आँख नम हो जाएगी–
खूब हँसकर खिलखिलाकर देखिए ॥

झेलनी हो दोस्त की यदि दुश्मनी–
पास में अपने बसाकर देखिए ॥

झूठ कहते ही ग़ज़ब हो जाएगा–
आप गंगाजल उठाकर देखिए ॥

डाक से जल्दी पहुँच जाएगा खत–
इक कबूतर तो उड़ाकर देखिए ॥

खोजना हो यदि विरोधाभास तो–
इस ग़ज़ल को गुनगुनाकर देखिए ॥

पाँच

इस कदर फैला हवाओं में जहर है।
धुंध में डूबा हुआ सारा शहर है ॥

हैं पड़ी चुपचाप सड़कें वेश्या सी–
कौन उन पर ढा रहा हर पल कहर है?

ज्ञान का स्वागत करें, तम को मिटाएँ–
इस जरूरी काम पर किसकी नज़र है?

झोंपड़ी झुग्गी उजड़कर रह गयी–
शहर में आयी तरक्की की लहर है ॥

रात की स्याही पुती सी ज़िन्दगी–
ढूँढ़ती हर ओर इक सुख की सहर है ॥

छह

इस गली में फिर से वो आने लगा।
एक इक इन्सान थर्राने लगा ॥

ताकते थे दूसरों की बेटियाँ–
उनके घर भी कोई मँडराने लगा ॥

आदमीयत से गिरे वे इस तरह–
आदमी भी उनसे कतराने लगा ॥

मर गया रावण मगर हर साल क्यों–
अपना वध वह आप करवाने लगा ॥

बोलना भी तो जिसे आता नहीं–
आज अपना राग वह गाने लगा ॥

यह शरीफों का मोहल्ला था कभी–
कौन तबला आज ठनकाने लगा ॥

दोस्ती मतलब परस्ती बन गयी–
आस्था का सेतु थर्राने लगा ॥

सात

उनकी आँखों को तर-बतर देखा।
दर्द का अपने ये असर देखा ॥

वार जिसका कभी न हो निष्फल–
ऐसा ब्रह्मास्त्र व्यंग्य-शर देखा ॥

बाप के दिल में बेटियों के लिए–
कुछ जगह वासना का स्वर देखा ॥

ज़िन्दगी पीर है तवाइफ़ की–
मैंने ऐ दोस्त झेलकर देखा ॥

अपने घर में भी मैं पराया हूँ–
खुद को बेनूर, बेअसर देखा ॥

दोस्त बनकर जो छल रहे थे मुझे–
प्यार उन पर भी वार कर देखा ॥

दिल में सौ घाव, आँख में पानी–
मैंने ये हाल उम्र भर देखा ॥

आठ

कुत्ते गली के सिंह से दहाड़ने लगे।
हम अपनी सभ्यता को यों पछाड़ने लगे ॥

जिसने हमारे सर पे एक छत बनाई है–
उसकी ही झोपड़ी को हम उखाड़ने लगे ॥

जेबों में हैं पड़े हुए तमाम बुद्धिमान–
भाषण रटे रटाए आ के झाड़ने लगे ॥

अपना महल हो विश्व का महानतम सदन–
सो झोपड़ी पड़ोस की उजाड़ने लगे ॥

मरते हैं लोग भूख से 'वो' देखते नहीं–
झण्डा विजय का चाँद पर जो गाड़ने लगे ॥

नौ

दिल न मिल पाएँ, तो हम सीना मिलाकर क्या करें?
अपने चेहरे पर नया चेहरा लगाकर क्या करें?

हम कई सदियों पुराने व्यक्ति हैं इतिहास के–
दोस्तो! अगली सदी में व्यर्थ जाकर क्या करें?

श्वान भी हैरान हैं अब देखकर इन्साँ के रंग–
ऐसे में हम आदमीयत को निभाकर क्या करें?

क्या मिला था हमको, पहले फूँक दी थी झोपड़ी–
आज फिर महलों की खातिर, घर जलाकर क्या करें?

खूब मारो हमको पत्थर, हम तो हैं फलदार पेड़–
फल न टपकाएँ जो हम, तो चोट खाकर क्या करें?

दस

जी रहा हूँ अब बहुत बेहाल हो भाई।
किस तरह से ठीक जीवन-ताल हो भाई ॥

ज़िन्दगी जीने में आता है तभी आनन्द–
झेलना जब नित नया जंजाल हो भाई ॥

मछलियाँ तालाब की जाएँ किधर आखिर–
चारों कोनों में पड़ा जब जाल हो भाई ॥

कर रहे हैं एकता की बात विद्रोही–
क्या पता यह खुश्नुमा इक चाल हो भाई ॥

कट रहे हैं अब बबूलों में उलझकर दिन–
लग रहा है एक पल ज्यों साल हो भाई ॥

ग्यारह

एक दिन जाना सभी को है सिकन्दर की तरह।
क्यों भला फिर आदमी, नाचे है बन्दर की तरह ॥

कौन कितना है बुरा इसकी परख हो जाएगी–
झाँकिए सबके दिलों में अपने अन्दर की तरह ॥

आप में सबके विचारों की नदी मिल जाएँगी–
दिल को अपने कीजिए पहले समन्दर की तरह ॥

आप धरती को सँवारें, स्वर्ग इक रच दें यहाँ–
आपको खुद लोग मानेंगे पयम्बर की तरह ॥

हर जुबाँ पर आपकी ग़ज़लें रहेंगी, शर्त है–
सबके दिल की बात लिखिए प्रेम चन्दर की तरह ॥

बारह

एक दिन ढह जाओगे मत घर बनो।
हो सके तो नींव का पत्थर बनो ॥

जड़ को भी गतिशील कर दे तुम वही
प्रेरणामय एक नव निर्झर बनो ॥

जो दिशा निर्देश सदियों तक करे
राजपथ पर मील का पत्थर बनो ॥

जो मिटा दे हर डगर का अन्धकार
ज्योति रथ आरूढ़ वह दिनकर बनो ॥

शान्ति का प्रतिरूप बनकर गूँज उठे
वह अनोखा एकता का स्वर बनो ॥

तेरह

दिन चले, सुबह चले, शाम चले।
हम तमाम उम्र बिना काम चले ॥

कौन जाएगा किसी मन्दिर में—
मन्दिरों में भी अगर जाम चले ॥

सत्य ने माँग गरीबी की भरी—
झूठ के द्वार पे इनाम चले ॥

हमने उनके भी बहुत काम किए—
जिनसे अपने न कोई काम चले ॥

दिल न देना इसे हर्गिज यारो—
वर्चली है ये, यहाँ दाम चले ॥

हमने उनकी भी रखी है इज्ज़त—
रूबरू जिनके हो बदनाम चले ॥

गीत के गाँव, ग़ज़ल की गलियाँ—
हों जहाँ, हम तो उसी धाम चले ॥

चौदह

दर्द को भुलाइए जनाब।
गीत कोई गाइए जनाब ॥

हर खुशी मिलेगी, शर्त है–
काम सबके आइए जनाब ॥

प्यार में ये जीत है कि आप–
दिल को हार जाइए जनाब ॥

अश्क से हो आँख तर मगर–
आप मुस्कुराइए जनाब ॥

नाम पर रहीम-राम के–
खून मत बहाइए जनाब ॥

हो सके तो देश प्रेम की–
जाह्नवी नहाइए जनाब ॥

हो हरेक आदमी प्रसन्न–
हर सदन सजाइए जनाब ॥

पन्द्रह

जिन्दा रहना तो मुश्किल है।
हमको अब मरना तिल-तिल है ॥

जीवित रह कर जान गया हूँ—
कौन यहाँ मेरा कातिल है?

चारों ओर हजारों गम हैं—
सहने को यह घायल दिल है ॥

भटक रहा हूँ अँधियारे में—
नज़र नहीं आती मंजिल है ॥

मन में दर्द उमड़ फिर आया—
शायद ग़ज़लों के काबिल है ॥

बनावटी हैं सब मुस्कानें—
मन आँसू का ही काइल है ॥

पता नहीं कब बुझ जाएगी—
यह जीवन बाती झिलमिल है ॥

सोलह

सड़कें वही हैं और मकानात हैं वही!
मेरे शहर में आज भी हालात हैं वही ॥

जारी है आज भी वही रोटी की इक बहस–
दिल पे सभी के दर्द के आघात हैं वही ॥

मत टूट गम के वार से, मायूस भी न हो–
उठ देख ज़िन्दगी के अलामात हैं वही ॥

रूपा का रूप ले गया ग्रसकर कोई ग्रहण–
पर पेट के प्रसंग सवालात हैं वही ॥

दिल ढूँढ़ता फिरा न मिली उसकी इक झलक-
उसको तलाश करने को जज़्बात हैं वही ॥

नाराज हो गये हैं सभी दोस्त 'रोहिताश्व'–
सच बोलने के अपने तो आदात हैं वही ॥

सत्रह

कारोबार बड़े लोगों का।
है संसार बड़े लोगों का ॥

चोर उचक्का ही होता है—
पहरेदार बड़े लोगों का ॥

परिवर्तन कानून में कर दें—
हर अधिकार बड़े लोगों का ॥

मुख में राम और छुरी बगल में—
यह आधार बड़े लोगों का ॥

छोटों का तो जीना मुश्किल—
यह संसार बड़े लोगों का ॥

व्यर्थ करे तू पूजन अर्चन—
जगदाधार बड़े लोगों का ॥

मंत्र तुम्हारे लिए साथियो—
सुर-संसार बड़े लोगों का ॥

अठारह

खो गये मुस्कान के दिन हैं।
आ रहे विषपान के दिन हैं ॥

पीर का पर्वत खड़ा उर पर–
मरसिए के गान के दिन हैं ॥

हड्डियों तक भर गयी जड़ता–
चेतना प्रस्थान के दिन हैं ॥

वृश्चिकों के दंश का आदी–
मन हुआ, अभिमान के दिन हैं ॥

ढाल बनता जा रहा जीवन–
व्यंग्य-शर-संधान के दिन हैं।

जी रहा हूँ मैं ग़ज़ल यारो–
जल रहे अरमान के दिन हैं ॥

उन्नीस

कुछ खुदा से डरो तो अच्छा है।
बोलना कम करो तो अच्छा है ॥

धुन में अपनी लगे-लगे यूँ ही–
पीर सबकी हरो तो अच्छा है ॥

मौन से मूर्ख कालिदास हुआ–
अनुकरण तुम करो तो अच्छा है ॥

देश आजाद है जहाँ चाहो–
फ़स्ल जी भर चरो तो अच्छा है ॥

कौन बदनाम को करेगा याद–
नेक बनकर मरो तो अच्छा है ॥

बीस

गम का मारा आम आदमी।
हारा - हारा आम आदमी ॥

अपने जीवन में पाता है–
बस अँधियारा आम-आदमी ॥

काम ढूँढ़ता हर-सू-भटके–
है बंजारा आम-आदमी ॥

खाकर डाँट-डपट, पीता है–
आँसू खारा आम आदमी ॥

सुन लेता है सबकी बातें–
है बेचारा आम-आदमी ॥

दीन-हीन बनकर जीता है–
जीवन सारा आम-आदमी ॥

हर चुनाव में बनता रहता–
'वोट' बिचारा आम-आदमी ॥

पाकर प्यार हुआ अक्सर ही–
पारा-पारा आम-आदमी ॥

इक्कीस

फूलों सा उपहार तुम्हारा।
सबसे सुन्दर प्यार तुम्हारा ॥

मुझे बहुत अच्छा लगता है–
यह सोलह शृंगार तुम्हारा ॥

मुझको दे दो, सहा न जाए–
तुम्हीं से यौवन भार तुम्हारा ॥

नहीं भूल पाता हूँ मधुरिम–
सुधियों का संसार तुम्हारा ॥

मेरी ग़ज़लों पर जाने मन–
पहला है अधिकार तुम्हारा ॥

मेरे जीवन में आ जाओ–
मानूँगा आभार तुम्हारा ॥

बाईस

बैठकर मुस्का रही हो तुम।
सच बहुत ही भा रही हो तुम ॥

बाँसुरी विस्मित समर्पित सी–
गीत मेरा गा रही हो तुम ॥

एक अभिनव प्रेम का दर्शन–
आँख से समझा रही हो तुम ॥

एक अनबुझ आग पानी में–
प्रिय लगाये जा रही हो तुम ॥

चाहते हैं भूलना जितना–
याद उतना आ रही हो तुम ॥

तेईस

आप जब-जब भी मुस्कराती हैं।
दिल पे सौ बिजलियाँ गिराती हैं ॥

आह भरते हैं हर गली के लोग—
आप जब-जब नज़र उठाती हैं ॥

आपके गेसुओं की छाया में—
हसरतें आशियाँ बनाती हैं ॥

आपका आगमन जहाँ हो जाए—
महफिलें झूम-झूम गाती हैं ॥

आपके रूप की नुमाइश में—
बस्तियाँ दिल की जगमगाती हैं ॥

आपको जितना भूलना चाहा—
आप उतना ही याद आती हैं ॥

चौबीस

इक नया गृह-द्वार है मेरे लिए।
मौत भी संसार है मेरे लिए ॥

ज़िन्दगी के रूप का चरमोत्कर्ष–
मौत एक शृंगार है मेरे लिए ॥

चल रही है साँस रुकती क्यों नहीं–
ज़िन्दगी जब भार है मेरे लिए ॥

फूल के सपने निगाहों में रहे–
पर यहाँ पतझार है मेरे लिए ॥

वे कहीं होंगे बहारों में मगन–
अब न जिनका प्यार है मेरे लिए ॥

पा सकूँगा मैं उन्हें यह आरज़ू–
रेत की दीवार है मेरे लिए ॥

पच्चीस

आपके गीत गुनगुनाता हूँ।
चोट खाकर भी मुस्कुराता हूँ ॥

आप सुख से रहें जहाँ भी हों—
मैं हृदय से यही मनाता हूँ ॥

आपने तो भुला दिया मुझको—
आपको मैं न भूल पाता हूँ ॥

आपकी कीर्ति को बढ़ाना है—
नित्य यश-दीप मैं जलाता हूँ ॥

द्वार से आपके निकलने पर—
मौन हो शीश को झुकाता हूँ ॥

सम्पदा आपकी सुरक्षित है—
आँख से मैं नहीं बहाता हूँ ॥

आपके नाम लिख दिया जीवन—
चाहतों को दुल्हन बनाता हूँ ॥

छब्बीस

आपसे इतना प्यार है मुझको।
उम्र भर इन्तजार है मुझको ॥

आपका दृष्टि वाण क्या कहिए–
कर गया जो शिकार है मुझको ॥

आपकी मुस्कुराहटों के बिना–
व्यर्थ लगती बहार है मुझको ॥

आपकी शोख याद आ-आकर–
चूमती बार-बार है मुझको ॥

दूर रह कर भी आप दिल में हैं–
इसलिए ही क़रार है मुझको ॥

आपके बिन जिया नहीं जाता–
साँस लगती उधार है मुझको ॥

आपसे दर्द जो मिला उसने–
फिर दिया गीत-हार है मुझको ॥

सत्ताईस

कल्पनाओं में बहने के दिन आ गये।
कामनाओं में रहने के दिन आ गये ॥

यौवन आया तो दिल ने कहा झूमकर–
रूप गाँवों में रहने के दिन आ गये ॥

धूप यौवन की तन को जलाने लगी–
केश छाँवों में रहने के दिन आ ये ॥

अब तेरे द्वार पर शीश झुकने लगा–
वन्दनाओं में बहने के दिन आ गये ॥

चाँदनी रात में मधु सपन जाग उठे–
भावनाओं में बहने के दिन आ गये ॥

कामना की कली महमहाने लगी–
भुज कसावों में रहने के दिन आ गये ॥

हो गये हम समझदार अब 'रोहिताश्व'
वर्जनाओं को सहने के दिन आ गये ॥

अट्ठाईस

है तुम्हारे प्यार पर प्रतिबन्ध बोलो क्या करूँ?
चाहता हूँ मैं प्रणय सम्बन्ध बोलो क्या करूँ?

तुम हँसीं तो साँस में आने लगी यकलख्त ही–
रात रानी की मधुर मधुगंध बोलो क्या करूँ?

कह न पाता हूँ मगर मन चाहता तुमसे प्रिये–
रोज ही करना मिलन निर्बन्ध बोलो क्या करूँ?

प्रेम की डोरी दिलों को जोड़ती, पर चाहिए–
वासना को देह का अनुबन्ध बोलो क्या करूँ?

गुनगुनाऊँगा तुम्हें मैं प्यार से हर हाल में–
बन गयी हो तुम ग़ज़ल का छन्द बोलो क्या करूँ?

उनतीस

अब मुझे आजाद कर दो ताकि कुछ पल जी सकूँ मैं।
झंझटों का विष पिया कुछ शान्ति अमृत पी सकूँ मैं ॥

फूल, कलियाँ, चाँदनी, भौंरे, नदी के दिन गये—
चाहता हूँ मानसिक उलझाव के पट सी सकूँ मैं ॥

मौत का पैग़ाम अब आता हुआ सा दीखता है—
क्या पता तेरे बिना अब और कितना जी सकूँ मैं ॥

उम्र के काले समन्दर का किनारा सामने है-
काश, उस तट पर न पहुँचूं और थोड़ा जी सकूँ मैं ॥

आह में तब्दील हो जाएँ मिरे ग़म, और ग़म दा—
दर्द की अनुभूतियों को दोस्तो गा भी सकूँ मैं ॥

तीस

उस अधर का आचमन किया।
मत कहो दुराचरण किया ॥

मन विहंग ने उड़ान भर—
प्रेम सुरभिमय गगन किया ॥

जीर्ण-शीर्ण पुण्य ग्रन्थ का—
फिर नवीन आवरण किया ॥

था जटिल परन्तु हल सरल—
प्रेम का समीकरण किया ॥

दृग के भाषा-कोश का नया—
प्रस्तुत एक संस्करण किया ॥

भाव सारे बन गये ग़ज़ल...
जब प्रिय का सुस्मरण किया ॥

इकतीस

दिल के दुश्मन की नज़र आने लगीं परछाइयाँ–
फिर उजाड़ी जाएँगी ऐ दोस्त, दिल की बस्तियाँ ॥

हुस्न की अमराइयों में इश्क की आमद हुई–
इन बहारों से महक उट्ठेंगी सारी घाटियाँ ॥

शर्म आँखों में, नई मुस्कान होंठों पर खिली–
आओ मिलकर हम बना लें, प्यार का इक आशियाँ ॥

चाहते हैं इक नयी दुनिया मिले ऐसी हमें–
बस जहाँ हम तुम गुजारें उम्र भर तनहाइयाँ ॥

आपके आने से दिल की महफिलें सज जाएँगी–
बज उठेंगी आशिकी की हर तरफ शहनाइयाँ ॥

हम ख़यालों में सही, पर आपके ही साथ में–
उड़ के छूना चाहते हैं, नित कई ऊँचाइयाँ ॥

बत्तीस

मौत के दिन पास आते जा रहे हैं।
गीत फिर भी गुनगुनाते जा रहे हैं॥

रात भर ही आँख से टपकाए आँसू—
होठ फिर भी मुस्कराते जा रहे हैं॥

हो गये हैं विस्मरण निष्णात वे भी—
जो निरन्तर याद आते जा रहे हैं॥

जी रहे हैं हम जिसे हर हाल में प्रिय—
वह ग़ज़ल सबको सुनाते जा रहे हैं॥

ज़िन्दगी को दर्द के इतिहास की इक-
भूमिका अभिनव बनाते जा रहे हैं॥

तैंतीस

पत्थरों का शहर, पत्थरों की जुबाँ।
तुम को पूछें कहाँ, तुमको ढूँढ़ें कहाँ?

तुमको देखा तो सौ-सौ बहारें खिलीं–
तुम हो जाने-ग़ज़ल, या कोई कहकशाँ ॥

हमने तिनके चुने प्यार की छाँव में–
आशियाँ लूट कर मुस्कराए खिजाँ ॥

दर्द देकर हमें तुम हुए लापता–
किससे पूछें तुम्हारी सनम दास्ताँ ॥

हर अदा पर तुम्हारी, हुए हम फिदा–
है कसम अब न लो तुम मेरा इम्तिहाँ ॥

आँसुओं का समन्दर है इस आँख में–
बनके कश्ती उतर आओ जाने जहाँ ॥

हम तरसते रहेंगे युँ ही प्यार को–
इस जहाँ, उस जहाँ, और जाने कहाँ?

चौंतीस

पुरवैया के झोंके लाये हैं सुगन्ध-सन्देश।
शायद तुमने गूँथे होंगे अपने सुरभित केश ॥

बगिया के गुलमोहर खिल उठे फूले सुर्ख गुलाब–
शायद तुमने धार लिया होगा, दुल्हन का वेश ॥

यह दूधिया चाँदनी, फूले बेला आधी रात–
शायद तुम मुस्काई होगी, अपने स्वप्निल देश ॥

गूँज रही है अमराई में, कोकिल की मधुतान–
शायद तुमने बाँध रखा हो गीतों का परिवेश ॥

जाने क्यों यह छुई-मुई हो गयी अचानक म्लान–
शायद तुम पर थिरक हो, लज्जा का आवेश ॥

आने लगी हिचकियाँ मुझको हुई सुहानी भोर–
शायद टाल न पाई हो तुम सुधियों का आदेश ॥

पैंतीस

एक ग़ज़ल फिर आज तुम्हारे नाम लिख रहा हूँ।
ढलते यौवन का तुमको पैगाम लिख रहा हूँ ॥

बीत गयी वो मधुर प्यार की वासन्ती वेला–
अब जीवन में पतझर का परिणाम लिख रहा हूँ ॥

इन बाँहों में अनचाहे बँध गयी एक प्रतिमा–
जन्म जन्म को हुआ प्यार नाकाम लिख रहा हूँ ॥

बदल गया परिवेश, थके तन चिन्ताकुल मन से–
कैसे ढलती हैं मित्र सुबह औ शाम लिख रहा हूँ ॥

बाँट दिया नाकाम प्यार, मासूम खिलौनों में–
उन हँसमुख चेहरों का तुम्हें सलाम लिख रहा हूँ ॥

पीड़ा का इतिहास पढ़ा तो, यह जाना मैंने–
कोई मीरा पा न सकी घनश्याम लिख रहा हूँ ॥

बहुत चाहने पर भी तेरे हाथ न बिक पाया–
यह साँसें इसलिए मौत के नाम लिख रहा हूँ ॥

छत्तीस

तुम्हारी याद को दिल से लगाए बैठे हैं।
हसीन ख्वाब का इक घर सजाए बैठे हैं ॥

तमाम उम्र ग़ज़ाला की तरह गुज़री है–
तुम्हारे दर्द को अपना बनाए बैठे हैं ॥

कि मेरी ज़िन्दगी कट जाए तेरे पहलू में–
ये आरजू तुम्हें कब से बताए बैठे हैं ॥

तुम्हारे जाने से महताब दिल का डूब गया–
तलाश में तेरी शम्मा जलाए बैठे हैं ॥

तरस गयीं हैं तुम्हें देखने को ये आँखें–
थकी-थकी हैं पर पलकें उठाए बैठे हैं ॥

तुम्हीं ग़ज़ल हो, बहर का हसीन बन्धन हो–
तुम्हारे साथ ही दिल को लगाए बैठे हैं ॥

सैंतीस

खून के आँसुओं से रोती है!
जिन्दगी कितनी अजीब होती है ॥

बोलने को न जिनसे दिल चाहे—
आशनाई उन्हीं से होती है ॥

प्रेम की पीर अश्रु की धारा—
गीत-ग़ज़लों के बीज बोती है ॥

क्या से क्या हो गया वतन अपना—
भोली जनता यहाँ की सोती है ॥

आ के इक बार देख जाओ तो—
वेदना दिल में कहाँ होती है ॥

अड़तीस

आपसे बोलने को मन करता।
दिल सदा आपको नमन करता ॥

खयाल में आपके सुबह उठता–
याद में आपकी शयन करता ॥

आपका रूप चाँद सा लगता–
केश बन गर्व श्याम-घन करता ॥

आपसे पंख प्रेरणा के पा–
काव्य पंछी विजित गगन करता ॥

दर्द जो आपने दिया मुझको–
कौन बिन आपके शमन करता ॥

हर समय आपकी कमी खलती–
अंततः अश्रुमय नयन करता ॥

काश! इस ज़िन्दगी के उपवन में–
फूल सा आपका चयन करता ॥

उनतालीस

आपसे मिलकर मुझे अच्छा लगा।
प्यार का तेवर मुझे अच्छा लगा ॥

आपसे संवेदनाएँ यों मिलीं–
पत्थरों का घर मुझे अच्छा लगा ॥

आपका बेदाग चेहरा ऐ सनम–
चाँद से बढ़ कर मुझे अच्छा लगा ॥

ज़िन्दगी भर धूप को सहते हुए–
छाँव में रुककर मुझे अच्छा लगा ॥

आपके संग प्यार से चलते हुए–
राह में पलभर मुझे अच्छा लगा ॥

दर्द का ज्वालामुखी उर पर लिए–
याद में रोकर मुझे अच्छा लगा ॥

आप जब गाने चलीं मेरी ग़ज़ल–
बाँसुरी का स्वर मुझे अच्छा लगा ॥

चालीस

चन्द्रमा की चाँदनी हो तुम।
पूर्णिमा की यामिनी हो तुम ॥

पास मेरे इस तरह बैठो–
मेघ में ज्यों दामिनी हो तुम ॥

कामना जागे जिसे लखकर–
मेरी कोमल कामिनी हो तुम ॥

मैं मनाता ही रहूँ जिसको–
वह मधुरतम मानिनी हो तुम ॥

एक पत्थर को किया हीरा–
स्पर्श से बड़भागिनी हो तुम ॥

मेरी ग़ज़लें बँध गयी जिसमें–
वह अनोखी रागिनी हो तुम ॥

उम्र भर देखा करूँगा मैं–
हे प्रिये, प्रियदर्शिनी हो तुम ॥

इकतालीस

दर्द का दरिया समन्दर हो गया।
जब से कोई दिल के अन्दर हो गया ॥

कैसे जनता हो सुखी यह सोचिए–
जबकि हर सेवक सिकन्दर हो गया ॥

भावनाओं की कोई कीमत नहीं–
जब से महँगा ईंट-पत्थर हो गया ॥

इश्क का यह रोग क्यों जाता नहीं–
उम्र का जलयान जर्जर हो गया ॥

मोह-माया में फँसा यह आदमी–
नाच करता आज बन्दर हो गया ॥

ग़ज़ल का वर्चस्व हिन्दी में बढ़ा–
क्योंकि उसका तल्ख़ तेवर हो गया ॥

बयालीस

तुम रेशम-रेशम लगती हो।
गीतों की सरगम लगती हो ॥

हरी घास पर मोती जैसी–
तुम शबनम-शबनम लगती हो ॥

तुम मेरे उदास आँगन में–
पायल की छम-छम लगती हो ॥

तुम इतनी पावनतम हो प्रिय–
गंगा का उद्गम लगती हो ॥

तुम मेरे मन के मन्दिर में–
मूर्ति सदृश हरदम लगती हो ॥

याद तुम्हारी आती जब-जब–
तुम आँखें पुरनम लगती हो ॥

मेरे जीवन के अम्बर पर–
तुम पूनम-पूनम लगती हो ॥

तैंतालीस

तपता रेगिस्तान हमारे जीवन में।
दुख का अनुसन्धान, हमारे जीवन में ॥

जिनको अपना माना, वे सब गैर हुए–
कैसा नया विधान, हमारे जीवन में ॥

स्रोत प्रेरणा के जब सारे बन्द हुए–
पसर गया श्मशान हमारे जीवन में ॥

आँसू, आहों, पीड़ा और वेदना का–
गूँज रहा है गान हमारे जीवन में ॥

क्या होगा जीकर जब सपने टूट गये–
खिली नहीं मुस्कान हमारे जीवन में ॥

ग़ज़लों से उनकी आरती उतारेंगे–
वे तो थे मेहमान हमारे जीवन में ॥

चवालीस

अब नहीं दिल में कोई अरमान है।
साथ मेरे मौत का सामान है ॥

तल्खियाँ खुद बन गयी हैं ज़िन्दगी–
हर तरफ श्मशान ही श्मशान है ॥

कब तलक सहना मुझे है हे प्रभो–
बोलिए क्या आपका फ़रमान है ॥

मौज-मस्ती का मजा लेते हैं वो–
मेरे हिस्से में पड़ा, ईमान है ॥

जाने कब ये खेल, साँसों का रुके
हर घड़ी दिल में उठा तूफान है ॥

अब कहा जाता नहीं, कुछ, क्या करूँ–
ज़िन्दगी से मौत अब आसान है ॥

पैंतालीस

हम जिए सदा तनाव में।
शान्ति-प्रेम के अभाव में ॥

गोट सी पिटे-पिटे रहे—
हार कर हर-एक दाँव में ॥

हो स्वतन्त्र हम न रह सके—
बेड़ियाँ पड़ी हैं पाँव में ॥

कलह-क्लेश-दंश ही सहे—
उम्र भर गलत प्रभाव में ॥

नीलकंठ बन सदा फिरे—
पत्थरों के गाँव-गाँव में ॥

घर-बाहर मार-मार मन—
कसके हम घाव-घाव में ॥

हम भला करें भी तो बुरे—
हम रहे नहीं छलाव में ॥

छियालीस

कितनी मुश्किल में ज़िन्दा हूँ।
अपने ऊपर शर्मिन्दा हूँ ॥

सुख का विस्तीर्ण गगन तकता—
मैं पंख विहीन परिन्दा हूँ ॥

कोयल से जिसकी पटी नहीं—
यारों मैं वह खिरखिन्दा हूँ ॥

छल-कपट नगर से दूर बसे—
मैं सत्य-ग्राम-वाशिन्दा हूँ ॥

मेहनत करता, तारीफ नहीं—
सबसे ही पाता निन्दा हूँ ॥

जिस घूरे के दिन फिरे नहीं—
वह भाग्यहीन खाविन्दा हूँ ॥

सैंतालीस

बोलने पर भी लगा प्रतिबन्ध तो फिर क्या करूँ?
निभ नहीं पाता मधुर सम्बन्ध तो फिर क्या करूँ?

छटपटाता प्राण पक्षी, देह पिंजरे में पड़ा–
ज़िन्दगी का मौत से अनुबन्ध तो फिर क्या करूँ?

दर्द की अनुभूतियाँ हैं, इस तरह घेरे मुझे–
बन्द हैं आनन्द के स्कन्ध, तो फिर क्या करूँ?

कलह का ज्वालामुखी, लावा उगलता रात-दिन–
चेतना में भर गयी दुर्गन्ध, तो फिर क्या करूँ?

पत्थरों के शहर में मैं, कैद होकर रह गया–
हो न पाऊँगा कभी निर्बन्ध तो फिर क्या करूँ?

एक जिन्दा लाश अपनी ढो रहा मजबूर हूँ–
हो गया हूँ मैं महामति अन्ध, तो फिर क्या करूँ?

आँसुओं से लिख रहा हूँ, यह ग़ज़ल भोगी हुई–
आपको इसमें मिले मधुगन्ध, तो फिर क्या करूँ?

अड़तालीस

इतने हुए कमीने लोग।
नहीं दे रहे जीने लोग ॥

बाल नहीं हैं इसीलिए
सदा छिपाते सीने लोग ॥

सत्य अहिंसा की चौखट पर–
लगे बैठकर पीने लोग ॥

खून बने हम जिनकी खातिर–
निकले वही पसीने लोग ॥

हाथ रखें, गीता-कुरान पर–
माल पराया छीने लोग ॥

दुनिया दारी सीख नहीं तो–
देंगे डुबो शफीने लोग ॥

कहाँ गये गौतम गाँधी से–
हीरों जड़े नगीने लोग ॥

उनचास

ज़िन्दगी भर मैं परेशान रहा।
हर कदम मेरा इम्तिहान रहा ॥

गैर तो गैर सही अपना भी–
कोई मुझ पर न मेहरबान रहा ॥

कैदियों की तरह जिया बेशक–
यातनाओं भरा मकान रहा ॥

किसको अपना कहें यहाँ बोलो–
कोई दिल का न मेज़बान रहा ॥

बोलना तक मना रहा मुझको–
यार मैं यूँ न बेजुबान रहा ॥

चन्द साँसें बुझी-बुझी बाकी–
काफ़िला मेरा बेइमान रहा ॥

उम्र भर प्यार के लिए तरसा–
कोई मेरा न कद्रदान रहा ॥

पचास

सारे जहाँ में आयी, इक्कीसवीं सदी है।
फूलों-फलों से यारो, डाली हर इक लदी है ॥

सूरज सुबह सुहानी, किरणें बिखेरता है–
चलने का नाम जीवन, समझा रही नदी है ॥

हमने उन्हीं को पाला जो डस रहे हमें हैं–
ये कैसा दौर आया, ये कैसी त्रासदी है ॥

भूखे बिलख रहे हैं, फुटपाथ पर पड़े कुछ–
हम बम बना रहे हैं, क्या रीति ये रची है !!

हिंसा, हविश, घोटाले, अब मंत्र बन गये हैं–
पूजा उसी की होती जो खास आदमी है ॥

नफरत भरे दिलों में हो प्यार का उजाला–
सौ फीसदी अमन हो, जो एक फीसदी है ॥

स्वागत गयी सदी का, आओ करें सभी जन–
भारत का गीत गाने को सबने साज दी है ॥

इक्यावन

देश की दुर्दशा पर तरस खाइए।
राष्ट्र की एकता को न बिसराइए ॥
राष्ट्र माता-पिता की तरह पूज्य है–
राष्ट्र-यश के सदा गीत ही गाइए ॥

राष्ट्र बलिदानियों को नमन कीजिए–
उनकी जीवन-कथा को भी अपनाइए।

धर्म या जाति, भाषा से ऊपर उठें–
भारतीयों के गौरव को दोहराइए ॥

लाख आतंकवादी बनें विघ्न पर–
प्यार से आप उनको भी समझाइए ॥

राजनीतिक प्रदूषण बढ़ा इस कदर–
उसको मूल्यों के मरहम से निपटाइए ॥

हम वतन, हम कदम, बनके आगे बढ़ें–
देश के प्रेम-पथ पर चले जाइए ॥

दुश्मनों के दमन के लिए काल बन–
पाठ-गीता का जीवन में अपनाइए ॥
अपनी आजादी पर आँच आने न दें–
युग-युगों तक तिरंगे को लहराइए ॥

बावन

मिलके कायम करो, सबमें सद्भावना।
हर धरम की करो, मिल के आराधना ॥

हिन्दू, मुस्लिम, इसाई औ'सिख एक हों–
खून है एक सबका, अलग रंग ना ॥

देवता एक सबका, अलग रास्ते–
एक मंजिल पे पहुँचो यही कामना ॥

साम्प्रदायिक नशे में न झूमो सखे–
मिलके करना सभी प्यार की साधना ॥

देश उन्नति करेगा, तभी बन्धुवर–
विश्व बन्धुत्व की जब फले भावना ॥

स्वार्थ, लिप्सा, घृणा, द्वेष से दूर हो–
एकता की करें मिल सभी वन्दना ॥

स्वर्ग सद्भावना से उतारें यहाँ–
हम बनें नव भगीरथ करें अर्चना ॥

तिरपन

उसका पावन मन देखा है।
जीवन में सावन देखा है ॥

उस गरीब के हालातों में–
कटु यथार्थ-दर्पण देखा है ॥

लूट खसोट बनी है संस्कृति–
सत्ता-परिचालन देखा है ॥

बेटे के घर आ जाने से–
माँ का खुश आँगन देखा है।

पल-पल बढ़ती महँगाई में–
यार, प्याज-लहसुन देखा है ॥

चौवन

आप बीती चाहिए, कविता बनाने के लिए।
दर्द आँसू हैं ज़रूरी, गीत गाने के लिए ॥

आपने अधिकार मेरे रख लिए खुद छीनकर–
क्या पता, यह क्यों किया, किसको मनाने के लिए ॥

भावना का सिन्धु सारा, खुद अकेले पी गये–
तोड़कर रिश्ते सभी, मुझको सताने के लिए ॥

आपको चिड़िया अजनबी है उड़ाकर ले गयी–
दूर जाकर घोंसला अपना बनाने के लिए ॥

आप आते हैं यहाँ झूठा दिखावा साथ ले–
कुछ पलों को मात्र अपनापन जताने के लिए ॥

आपकी सिगरेट के टुकड़े रख लिए हैं बीनकर–
यह सहारा हैं किसी की याद आने के लिए ॥

क्या कहूँ अपनी भुजाएँ काट बैठा भूल से–
ढूँढ़ता कोई जगह अब, मुँह छिपाने के लिए ॥

पचपन

अब हमारे घर में अपने फैसले चलते नहीं।
दिल में यारों खुशबुओं के काफ़िले पलते नहीं ॥

जिनकी खातिर जिन्दगी हमने लगा दी दाँव पर–
कह रहे वे प्यार के अब सिलसिले चलते नहीं ॥

हर तरफ़ तनहाइयाँ अपने मुकद्दर में बसीं–
ज़िन्दगी में गम के साये, ज़लज़ले टलते नहीं ॥

ख्वाब टूटे, जंग हारे, है असर परवाज़ पर–
पर कटे पंछी तड़पते, हौसले फलते नहीं ॥

हैं सभी पर, हम अकेले, हम अकेले रह गये–
ज़िन्दगी में हार कर भी, हाथ हम मलते नहीं।।

छप्पन

चाहिए संवेदनाएँ।
मिल रही हैं यातनाएँ ॥

उम्र भर जिनको दुआ दी,
दे रहे वे बद्दुआएँ ॥

पिंजरे में कैद पक्षी–
सह नहीं पाता व्यथाएँ ॥

बोलने को मन तरसता–
क्या कहें कैसे कथाएँ?

आज सबने सभ्यता की
तोड़ दीं सारी प्रथाएँ ॥

आदमीयत उड़ गयी है–
तेज आतंकी हवाएँ ॥

कंटकों में घिर गये हम–
हाले-दिल कैसे सुनाएँ ॥

सत्तावन

जीना किया हमाम आपने।
किया अनोखा काम आपने ॥

बदले में कर्कशता पाई—
किया प्रेम बदनाम आपने ॥

दिल के घाव हरे हैं अब भी,
दिया न मरहम-बाम आपने ॥

घाट-घाट जल पी-कर डाला
मेरा काम तमाम आपने ॥

सारा जीवन रोते बीता—
हाय! किया क्या राम आप ने?

अट्ठावन

बोलना भी गुनाह है भाई।
ज़िन्दगी इक कराह है भाई ॥

एक चुप से हराइए सौ को
टिप्स क्या खूब वाह है भाई ॥

अपनों के बीच भी रहूँ कैसे
बोलिए क्या सलाह है भाई?

यह बुढ़ापा हमें रुलाता है
बचने की कौन राह है भाई ॥

कलयुगी पूत सब कपूत हुए
इनको बीवी की चाह है भाई ॥

उनसठ

आज के दिन हम मिले थे।
फूल खुशियों के खिले थे ॥

चाँदनी शरमा रही थी–
प्यार के जीते किले थे ॥

सिर्फ आँखें बोलती थीं–
होठ दोनों के सिले थे ॥

इन्द्रधनुषी स्वप्न वाले,
प्यार के क्या सिलसिले थे?

आज जाने गुम कहाँ हैं–
प्यार के जो काफ़िले थे ॥

❑❑